저자의 말

2021년 11월 25일 신문을 읽다가, 영국 해협을 건너다 27명이 사망했다는 소식을 들었습니다.

그중에는 어머니 카잘 아마드(Khazal Ahmad)와 그녀의 세 자녀 하디아(Hadia), 하스티(Hasti), 무빈(Mubin)도 있었습니다. 저에게 충격을 준 이 이야기를 쓰기 위해 고민하는 데에 시간이 참 오래 걸렸습니다.

저는 가난과 배고픔, 폭력을 피하기 위해 어떤 위험도 감수할 준비가 되어 있는 모든 사람들에게 경의를 표하고 싶었습니다.

많은 사람들이 저쪽에서 목숨을 잃었고 지금도 많은 사람들이 희망에 가득 차 모래 위에 앉은 채 이쪽을 바라보고 있습니다.

이 책은 희망으로 새로운 삶을 꿈꾸는 그들에게 바칩니다.

바루

전쟁과 가난을 피해 도망쳐 나온
모든 남자, 여자, 그리고 아이들을 위해.

여기 그리고 저기

초판 인쇄일 2025년 11월 10일
초판 발행일 2025년 11월 28일

글 그림 바루
옮긴이 연희
발행인 김영숙
신고번호 제2022-000042호
발행처 다정다감
주소 (10881) 경기도 파주시 회동길 445-4(문발동 638) 408호
전화 031)955-9221~5 **팩스** 031)955-9220
인스타그램 @ddbeatbooks
메일 ddbeatbooks@gmail.com

기획·진행 박혜지
디자인 김보리
영업마케팅 김준범, 서지영
ISBN 979-11-93140-29-1
정가 16,000원

Original title: Ici et là-bas
Text and illustrations by Barroux
Copyright © 2024, Kaléidoscope, Paris
Korean edition copyright © 2025, Hyejiwon Publishing Co.
All rights reserved.
This Korean edition is published by arrangement with Editions Kaléidoscope through Shinwon Agency Co., Ltd.

* 다정다감은 도서출판 혜지원의 임프린트입니다. 다정다감은 소중한 원고의 투고를 항상 기다리고 있습니다.

이 책의 한국어판 저작권은 신원 에이전시를 통한 저작권사와의 독점 계약으로 다정다감에 있습니다.
저작권법에 의해 한국 내에서 보호를 받는 저작물이므로 무단전재와 복제를 금합니다.

1. 제조자   다정다감
2. 주소   경기도 파주시 회동길 445-4 408호
3. 전화번호 031-955-9224
4. 제조년월 2025년 11월 10일
5. 제조국   대한민국
6. 사용연령 4세 이상

사용상 주의사항
- 종이에 긁히거나 손이 베이지 않도록 주의하세요.
- 제품을 입에 넣거나 빨지 않도록 주의하세요.
- KC마크는 이 제품이 공통안전기준에 적합하였음을 의미합니다.

여기 그리고 저기

바루 글·그림 연희 옮김

다정다감

여기서 우리는 저기가 살기 좋고, 삶이 더 달콤할 거라고 말해요.

여기서 우리는 저기가 살기 좋고, 삶이 더 달콤할 거라고 말해요.

여기서 우리는 매일매일 배고파요.
그래서 학교에 가는 아침이면 항상 배에서 꼬르륵 소리가 나요.

여기서 우리는 저기 사람들이 운이 좋다고 말해요.
저기에는 새콤달콤하고 맛있는 과일들이 많거든요.

여기서 제가 학교에 가려면 한 시간 동안 걸어가야 해요.
그렇게 간 학교는 책상이 따로 없고, 노트나 연필도 없어요.
제 교과서는 아주 오래됐고, 모두 저기에서 온 것이에요.

여기서 저는 아빠가 차로 학교에 데려다줘요.
저는 노트, 네 가지 색의 펜, 풀, 자, 필통 두 개,
그리고 지우개 두 개를 가지고 있어요. 언제 하나를 잃어버릴지 모르니까요.

여기는 밤이 찾아왔고 하늘은 별로 가득 차 있어요.
저기는 아마 해가 떠오르고 있을 거예요.

여기는 해가 떠오르고 새들이 노래하기 시작해요.
저기는 아마 모두가 자고 있을 거예요.

여기는 더 이상 제 부모님이 일할 곳이 없어요.
전쟁이 점점 다가오고 있어요. 이웃은 이미 저기로 떠났어요.
우리는 모든 것을 남겨놓고 떠나야만 해요.

여기는 휴가를 갈 시간이에요.
우리는 저기로 떠나기 위해 짐을 싸고 있어요.
아빠는 인터넷으로 비행기 표를 예약하고 여권을 챙겼어요.

저기로 가기 전에 저는 새로운 단어를 배웠어요. 그 단어는 '국경'이에요.
국경은 두 나라를 나누는 상상의 선이라는 뜻이래요.
우리는 두렵고 불안해요. 들키지 않게 꼭꼭 숨어서 국경을 건너가야 해요.

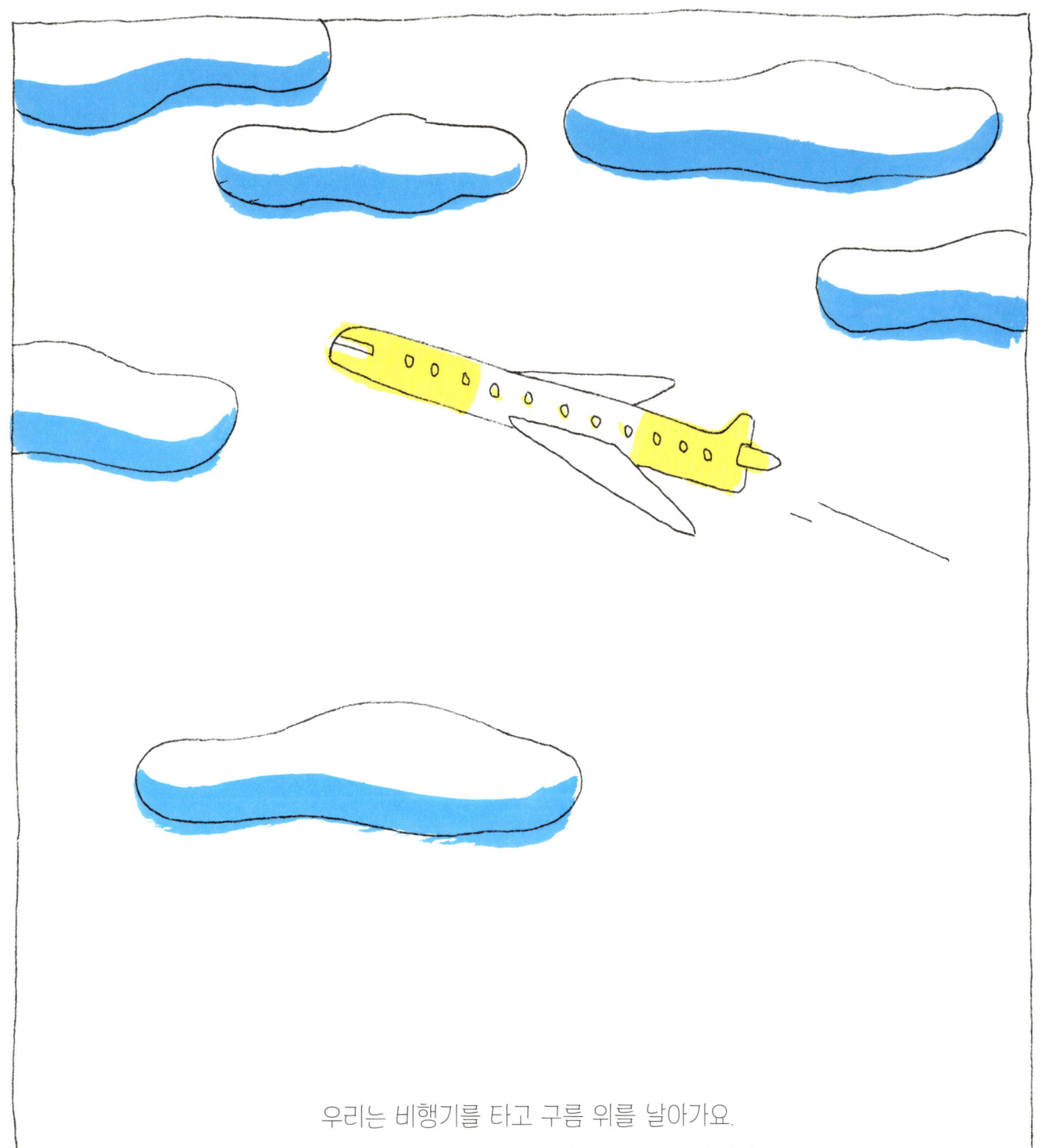

우리는 비행기를 타고 구름 위를 날아가요.
승무원은 우리가 목이 마르다고 하면 음료를 가져다주고,
배고프면 기내식도 줘요. 한숨 자고 일어나면 도착할 거예요.

우리는 오랫동안 걸어야 해요. 춥고 배고파요.
하지만 불평하고 싶지 않아요, 엄마와 아빠는 이미 걱정이 충분하니까요.

저는 매일 바닷속에서 물고기들과 수영해요.
엄마는 선크림 바르는 것을 잊어버려서 햇볕에 탔어요.

여기에는 아이도 없고, 오로지 부모님과 저만 있어요.
날씨가 좋으면, 저 멀리 너머에 땅이 보여요.

여기는 휴가가 끝났어요. 저는 집에 돌아왔어요.
제 주머니 속에는 모래가 가득하고 친구들에게 들려줄 많은 추억이 있어요.

여기서 저는 3일 동안 씻지 않았지만 엄마는 괜찮대요.
아빠는 저기로 가면 모든 것이 달라질 거라며 걱정 말라고,
바다가 우리를 막지 못할 것이라고 말해요.

여기는 학교 반 친구들과 함께 바다로 놀러 가기로 했어요.
우리는 버스를 기다리고 있어요.
가방에는 엄마가 준비해 준 도시락이 있어요.

우리는 바다를 건너 저기로 갈 거예요.
아빠가 작은 배를 찾았어요.
바다는 춥고, 거센 파도는 아빠 키보다 훨씬 커요.
어지럽고 무서워요. 저는 수영을 할 줄 몰라요.

저는 버스를 타고 바다로 향하고 있어요.
치즈 샌드위치를 먹고 친구들이랑 신나게 놀아요.
빨리 도착하고 싶어요.
그런데 몸이 어딘가 이상해요. 멀미가 난 것 같아요.

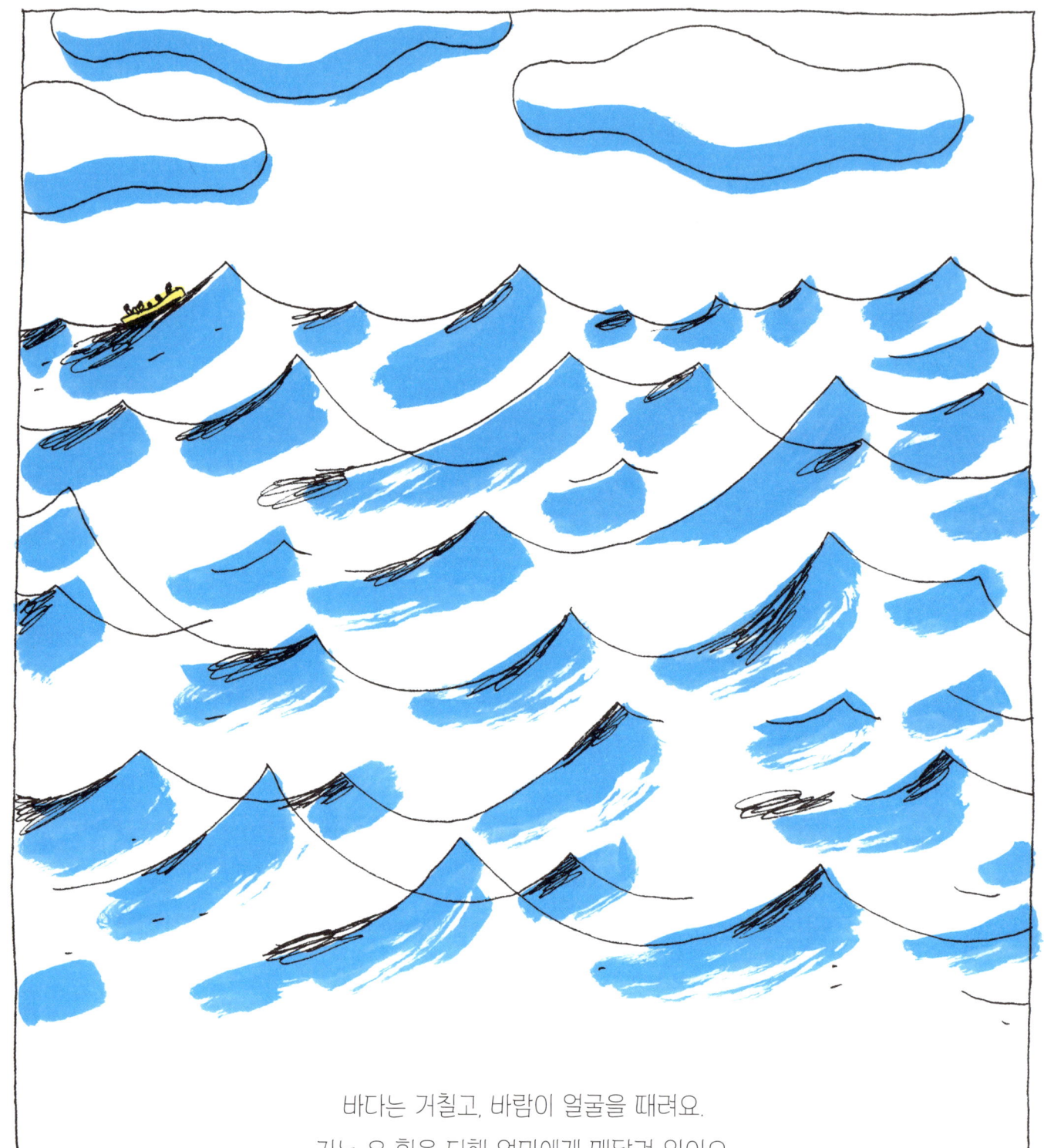

바다는 거칠고, 바람이 얼굴을 때려요.
저는 온 힘을 다해 엄마에게 매달려 있어요.
하지만 배 바닥에 물이 차오르기 시작해서 아빠가 걱정해요.

바다는 거칠고 바람이 얼굴을 때려요.
드디어 바다에 도착했어요. 모두가 해변으로 흩어져서 놀아요.
저는 조개껍데기를 주워서 주머니 속에 넣어요.

엄청나게 큰 파도가 우리 배를 뒤집었어요.
우리 모두 바다에 빠졌어요.
저는 엄마의 손을 잡을려고 해 보았지만 그만 놓치고 말았어요.

바닷물이 모래사장 위로 올라와요.
선생님은 지금이 밀물이라 조심해야 한다고 말씀하셨어요.
저는 파도에 휩쓸려 바다에 빠지고 싶지 않아요.

게다가 비까지 내리기 시작했어요.
제 신발과 바지는 이미 다 젖었어요.
이제 집으로 돌아갈 시간이에요.

저 멀리 커다란 배 두 척이 물 위를 둥둥 떠다니는 것 같아요.
하얀 새가 바다 위를 날아가 저기로 사라져요.

"여기"와 "저기". 한 장소와 다른 장소를 나타내는 간단한 두 단어입니다. 그러나 우리는 이 책을 통해 단번에 이것이 서로 반대되는 두 세계라는 것을 알 수 있습니다.

여기, 저기라는 말은 두 아이들이 살고 있는 각기 다른 세계를 묘사하고 있지만, 책 속의 글과 그림은 사실 현실에서 일어나고 있는 끔찍한 사실을 보여 줍니다. 이 책은 조국을 떠나는 것 외에는 다른 선택이 없어 모든 위험을 감수하고 더 나은 세상에서 살 희망을 가지는 수천 명의 여성, 남성, 어린이의 삶과 죽음을 이야기하고 있습니다.

LDH(인권 연맹)는 이 책이 지중해나 영국 해협을 건너려는 사람들이 직면하는 이주와 위험에 대한 주제를 다룬 것에 대해 기쁘게 생각합니다. 이러한 비극에 대해 젊은 사람들의 인식을 높이는 것은 중요합니다. 매년 LDH는 「유대를 위한 글」을 선정하는 공모전을 통해 어린이들이 사회 문제에 관심을 갖도록 하고 있습니다.

실화를 바탕으로 한 이 책은 사회적으로 인식을 높이고, 젊은 사람들이 시민의식과 타인에 대한 열린 마음을 갖는 길로 나아가도록 함께합니다. LDH는 많은 사람들이 보기를 거부하는 내용을 알릴 수 있게 힘써 준 저자 바루에게 감사를 표합니다.

프랑스 인권 연맹(LDH) 공식 후원 도서

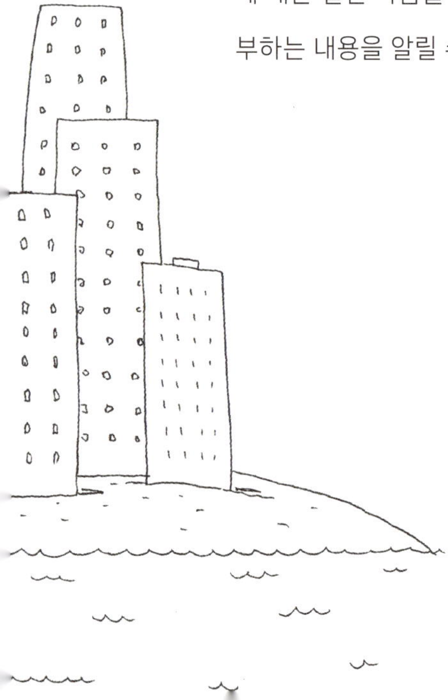

추천사

난민인권센터 **박경주**

『여기 그리고 저기』는 지구화 시대의 폭력과 부정의 속에서 고통받는 시민들, 특히 난민의 삶을 시적으로 풀어낸 책입니다. 작품 속 '여기'와 '저기'는 단절된 공간처럼 보이지만, 그 분리가 은유와 상징을 통해 독자로 하여금 난민의 삶을 상상하고, 민주주의적 연대를 생각할 수 있게 합니다.

유엔난민기구에 따르면, 2024년 말 기준으로 전 세계 강제 이주민 수는 1억 2,320만 명으로 역대최고치를 기록했으며, 이 수치는 지난 30년 동안 지속되어 왔습니다. 즉, 난민 발생이 줄지 않았다는 것이지요. 한국 역시 2024년에 1만 8천여 명이 난민 신청을 하였습니다. 이 또한 한국 난민 역사상 역대 최고치입니다.

작품 속 파도, 구멍난 배, 이별 등은 단지 문학적 장치가 아니라, 현실에서 수많은 이들이 겪고 있는 절박한 삶의 실제 여정과 비슷한 점이 있습니다. 우리 사회 속의 국제공항, 외국인보호소, 출입국관리소, 낯선 법과 제도가 그러합니다. 이러한 어려움 속에서 새로운 삶을 시작하고자 하는 사람들의 이야기인 것입니다. 물론 각 나라마다 처한 상황과 대응 방식은 다르지만, 가장 중요한 것은 우리가 난민을 '먼 타인'이 아닌 '우리 시대의 이웃'으로 바라보려는 시도가 필요합니다.

이 책은 난민을 둘러싼 분리와 무관심을 넘어서고자 하는 시민들에게 강력한 울림을 줄 것입니다. 즉 난민을 '나와는 상관 없는 사람'으로 생각하는 사회적 거리두기를 넘어, 이들을 이웃이자 동시대의 시민으로 바라보는 시선이 절실한 지금, 『여기 그리고 저기』는 연대와 상상, 민주주의적 책임을 촉구하는 귀한 작품입니다. 부디 이 책이 더 많은 독자들에게 닿아 '여기'와 '저기'의 경계를 허무는 계기가 되기를 바랍니다.

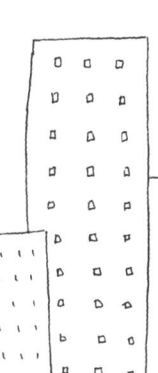